Devocionário e Novena
a Nossa Senhora de Guadalupe

Devocionário e Novena
a Nossa Senhora de Guadalupe

Haroldo J. Rahm, SJ

Edições Loyola

Preparação: Cristina Peres
Capa e diagramação: Viviane Bueno Jeronimo
Revisão: Mayara Silvestre Richard

Edições Loyola Jesuítas
Rua 1822, 341 – Ipiranga
04216-000 São Paulo, SP
T 55 11 3385 8500/8501 • 2063 4275
editorial@loyola.com.br
vendas@loyola.com.br
www.loyola.com.br

Todos os direitos reservados. Nenhuma parte desta obra pode ser reproduzida ou transmitida por qualquer forma e/ou quaisquer meios (eletrônico ou mecânico, incluindo fotocópia e gravação) ou arquivada em qualquer sistema ou banco de dados sem permissão escrita da Editora.

ISBN 978-85-15-04435-1

© EDIÇÕES LOYOLA, São Paulo, Brasil, 2016

108988

Dedicatória

Dedico este devocionário a Santo Inácio de Loyola, um santo devoto de Maria, que estava em Roma quando a Morenita de Guadalupe apareceu em Tepeyac. Também o dedico aos padres e irmãos da sua Companhia de Jesus.

"Tomai, Senhor, e recebei toda a minha liberdade,
minha memória, meu entendimento e toda
a minha vontade. Tudo o que tenho eu possuo.
Vós me destes. A vós, Senhor, restituo. Tudo é vosso.
Disponde segundo a vossa vontade. Dai-me
o vosso amor e a vossa graça, pois ela me basta."

(*Oração de Santo Inácio*)

Sumário

Apresentação 9

Primeiro dia 11

Segundo dia 13

Terceiro dia 15

Quarto dia 17

Quinto dia 19

Sexto dia 21

Sétimo dia 23

Oitavo dia 25

Nono dia 29

Consagração a Nossa Senhora de Guadalupe 31

Extra 33

Orações 37

Ladainha de Nossa Senhora 43

Santo Rosário 47

Apresentação

A história da Virgem de Guadalupe é a história do amor de Deus entregue ao homem.

A transcendental importância de Deus foi proclamada pelo Papa Pio XII: Guadalupe uniu o continente americano e os demais países hispânicos sob o patrocínio da Imaculada Conceição, Nossa Senhora de Guadalupe. A obra é própria de Deus – o Pai comum de toda a humanidade: que o mundo, repartido em múltiplos programas políticos, venha a se reunir num só rebanho, sob um só Pastor.

Este devocionário traz o toque da mão amorosa de Deus e mostra claramente a intenção da Divina Providência de enviar nossa Mãe Santíssima com sua mensagem ao asteca Juan Diego, com duas finalidades importantes. De imediato, Ela acudiu à necessidade de libertação dos índios das Américas e de sua proteção. Mas a ação de mais longo alcance é a que se percebe entre os habitantes dessas terras e os outros que a Ela atribuem devoção. Nossa Senhora despertou neles novo interesse pelo legítimo espírito de universalidade e pela necessária união entre os povos, penhor de bênção definitiva para toda a humanidade.

Trezentos anos antes das grandes devoções marianas de Lourdes e Fátima, a Morenita transmitiu sua mensagem na colina de Tepeyac. Segundo o plano de Deus, a Medianeira de todas as graças apareceu na América, no século XVI, como Mãe que deseja ardentemente a salvação de todas as gerações de seus filhos.

Deus e sua Mãe Santíssima puseram a nosso alcance os meios pelos quais se nos torna possível viver juntos pacífica e fraternalmente, assegurando-nos a prosperidade material e a eterna salvação. Também dão paz e felicidade a cada um de nós.

Agora é a oportunidade de valer-nos dos fortes laços que nos unem sob o patrocínio de Nossa Senhora das Américas.

"Não estou aqui ao seu lado? Sou sua mãe. Que mais deseja?
Não permita que nada o aflija ou o perturbe."

(*Palavras da Virgem Maria*)

Quem de nós, jamais tendo experimentado o atordoante milagre de uma visão sobrenatural, poderia aquilatar em seu justo valor tal experiência? Seu primeiro impulso será zombar de quem pretende ter tido uma aparição. E, na realidade, esta foi a reação com que Juan Diego se defrontou, quando referiu sua história. A reação seguinte será pedir uma prova de qualquer espécie. Também esta prova foi outorgada a Juan Diego da maneira mais milagrosa, como havemos de constatar. Finalmente, depois de satisfeitos os nossos instintos de São Tomé, inclinamo-nos a nos deixar envolver pelo fascínio do maravilhoso que envolve um tal mistério e a reexaminar a sequência toda da visão, para ver se fornece algum ensinamento que se possa aplicar às nossas próprias vidas.

Primeiro dia

Era sábado, 9 de dezembro de 1531. Um índio cristão de 57 anos, chamado Juan Diego, pôs-se a caminho da missão franciscana de Tlatelolco para assistir à missa em honra da Santíssima Virgem. Os hesitantes alvores da aurora mal iluminavam a Colina de Tepeyac quando aproximou-se dela o índio. Eis que, de súbito, chegam-lhe aos ouvidos, vindos não sabia de onde, os acentos de uma música muito linda, como nunca antes tinha ouvido. Quando a estranha harmonia o envolveu, quedou-se aturdido, procurando de onde ela viria. Seriam acaso aves desconhecidas, cantando no céu? Ergueu os olhos para além da colina, fitando os chamejantes matizes do arrebol, quando, sobrepondo-se ao som da música, escutou uma voz: "Juanito, Juan Dieguito!". O índio pôs-se a andar, obedecendo à voz que lhe pronunciava o nome como uma mãe afetuosa que chama por seu filho.

Sem hesitar, Juan caminhou direto ao cume da colina, onde deu com uma jovem senhora de radiante beleza, serenamente ereta, a acenar para ele. Ao aproximar-se dela, embeveceu-se de tal forma com o que via, todo o seu ser foi tomado de tão espiritual alegria, que nada mais conseguiu fazer além de cair de joelhos e sorrir para ela.

Juan Diego

Juan Diego está entre os mais humildes e modestos de quantos foram considerados dignos do título de "santo". Nasceu na aldeia de Cuautitlan, perto da Cidade do México, e seus pais foram gente do povo – macehuales –, servos ou lavradores, na sociedade indígena rigidamente dividida em camadas do México anterior à conquista. Seu nascimento deu-se em 1474, ano da ascensão de Isabel ao trono de Castela, dezoito anos antes de Colombo avistar São Salvador, quase meio século antes de *Hernan Cortez* conquistar o México. Juan recebeu o nome asteca de Cuauhtlatoatzin. A única nobreza que Juan possuía era a natural nobreza de alma.

Oração: Concedei a vossos servos, nós vo-lo pedimos, Senhor nosso Deus, que gozemos sempre da saúde da alma e do corpo e, pela gloriosa intercessão da bem-aventurada sempre Virgem Maria de Guadalupe, sejamos livres da tristeza presente e alcancemos as graças de que precisamos e a eterna glória. Por Cristo nosso Senhor. Amém.

Pai-nosso. Ave-maria. Glória ao Pai. Salve, Rainha.

"Não estou aqui ao seu lado? Sou sua mãe. Que mais deseja?
Não permita que nada o aflija ou o perturbe."

Segundo dia

A vista apresentava-se cercada pelos resplendores de uma luz que ofuscava o sol e deitava cores maravilhosas sobre a rigidez rochosa da colina. As folhas das alfarrobeiras e de outras plantas brilhavam como esmeraldas, seus ramos e espinhos fulgiam como ouro. As encostas pedregosas coroavam-se de pedrarias onde bailavam matizes de arco-íris e pareciam exalar fulgurações de um fogo interno. A Senhora, de pé sob aquele monte transfigurado, ostentava tanta beleza que deixou Juan Diego estático. Suas vestes resplandeciam com a mesma luz peregrina, porém este esplendor de luz e cores obliterava-se quando ele fixava a beleza de seu rosto, um rosto jovem, de olhos maduros. Um sorriso de compaixão e amor acolheu Juan Diego, quando ele acudiu a seu chamado.

"Juanito, meu querido filho, para onde estás indo?", perguntou. "Senhora e filha minha", replicou ele numa expressão nativa, "vou a caminho da igreja, para estudar e aprender os divinos mistérios que os padres nos ensinam."

Num arrebatamento, ouviu-a expor sua identidade e o motivo de sua presença.

Oração: Concedei a vossos servos, nós vo-lo pedimos, Senhor nosso Deus, que gozemos sempre da saúde da alma e do corpo e, pela gloriosa intercessão da bem-aventurada sempre Virgem Maria de Guadalupe, sejamos livres da tristeza presente e alcancemos as graças de que precisamos e a eterna glória. Por Cristo nosso Senhor. Amém.

Pai-nosso. Ave-maria. Glória ao Pai. Salve, Rainha.

"Não estou aqui ao seu lado? Sou sua mãe. Que mais deseja? Não permita que nada o aflija ou o perturbe."

Terceiro dia

"Entenda, filho querido, que eu sou a sempre Virgem Mãe do Deus verdadeiro, no qual vivemos, Criador e Autor do céu e da terra. É meu maior desejo que se construa um templo aqui em minha honra, onde eu derramarei amor, compaixão, socorro e proteção. Eu sou vossa Mãe dadivosa, Mãe amorosa para com vossos companheiros que me amam, confiam em mim e procuram meu auxílio. Prestarei ouvidos a seus lamentos e darei consolo em todas as suas tristezas e sofrimentos."

Juan Diego escutava atento, enquanto ela o instruía:

"Para conseguir tudo o que meu amor pede, vá agora à casa do bispo no México e diga-lhe que eu envio você para manifestar meu grande desejo de ter um templo aqui, edificado em meu nome. Diga-lhe exatamente o que viu e ouviu. Saiba que eu lhe serei agradecida e que o recompensarei. Mostrar-lhe-ei como vale a pena dar-se a este trabalho. Agora, filhinho, você ouviu o meu desejo. Vá e faça o melhor que puder."

Oração: Concedei a vossos servos, nós vo-lo pedimos, Senhor nosso Deus, que gozemos sempre da saúde da alma e do corpo e, pela gloriosa intercessão da bem-aventurada sempre Virgem Maria de Guadalupe, sejamos livres da tristeza presente e alcancemos as graças de que precisamos e a eterna glória. Por Cristo nosso Senhor. Amém.

Pai-nosso. Ave-maria. Glória ao Pai. Salve, Rainha.

"Não estou aqui ao seu lado? Sou sua mãe. Que mais deseja? Não permita que nada o aflija ou o perturbe."

Quarto dia

Chegando à residência de Frei Juan de Zumárraga, bispo eleito do México, Juan Diego bateu à porta. Pacientemente, esperou até que a criadagem do bispo lhe permitisse entrar.

Juan ajoelhou-se diante do bispo e executou as ordens da Senhora com o máximo esmero. Disse-lhe ter ido até lá a pedido da bela Mãe de Deus, que lhe aparecera ao alvorecer na Colina de Tepeyac e lhe pedira que expusesse seus desejos ao bispo. Ele descreveu a estranha música, o fulgir das cores e a Senhora de voz suave, que pedia que ali fosse erguido um templo seu. Ela lhe ordenara falar com o bispo e ali estava ele, relatando cada palavra, exatamente como ela lhe pedira.

O bispo ouviu-o com atenção. Demonstrou simpatia para com aquele pobre índio que engrolava um sonho, produto estranho de fantasia. Não seria aquilo mais uma história asteca a respeito da deusa da fertilidade, cujo templo fora erguido nos arredores de Tepeyac? Quais, exatamente, as intenções do índio ao aparecer em sua casa tão cedo com aquela confusa narrativa?

"Vou pensar sobre o que você me disse", falou o bispo a Juan. "Volte daqui a alguns dias."

Oração: Concedei a vossos servos, nós vo-lo pedimos, Senhor nosso Deus, que gozemos sempre da saúde da alma e do corpo e, pela gloriosa intercessão da bem-aventurada sempre Virgem Maria de Guadalupe, sejamos livres da tristeza presente e alcancemos as graças de que precisamos e a eterna glória. Por Cristo nosso Senhor. Amém.

Pai-nosso. Ave-maria. Glória ao Pai. Salve, Rainha.

"Não estou aqui ao seu lado? Sou sua mãe. Que mais deseja? Não permita que nada o aflija ou o perturbe."

Quinto dia

Juan, pasmo com a recusa do bispo em cumprir os desejos da Senhora, sentiu-se embaraçado para explicar-lhe o que havia acontecido. Cumprira sua obrigação. O que impedira o bispo de cumprir a dele?

Desesperado, Juan dirigiu-se novamente à colina, temendo que seu fracasso magoasse a Senhora, embora seu coração lhe dissesse que ela o compreenderia.

Perdido nesses pensamentos, subiu rápido a senda da Colina de Tepeyac. Seus olhos deram logo com a luz maravilhosa: ali estava a Senhora. Correu para ela e se ajoelhou, sentindo uma paz que lhe desvaneceu a perturbação e o medo. "Minha querida Senhora", disse ele ternamente, "eu obedeci à vossa ordem e fui à casa do bispo. Depois de grandes dificuldades, eu o avistei e transmiti-lhe a vossa mensagem exatamente como vós me instruístes. O bispo me recebeu bondosamente e me escutou com atenção, mas, quando me respondeu, percebi que não acreditava em mim."

Juan continuou: "O bispo me disse: 'Você precisa voltar, filho, quando eu puder escutar sua história com vagar. Considerarei o que me disse e tomarei em consideração a sinceridade que o trouxe a mim'. Senhora, minha querida, sei que ele pensa que estou inventando a história do vosso pedido de um templo aqui. Por favor, mandai alguém mais ilustre e mais considerado transmitir vosso desejo, de forma que o bispo acredite nele. Eu não passo de um simples índio a quem enviastes a um lugar muito elevado".

Oração: Concedei a vossos servos, nós vo-lo pedimos, Senhor nosso Deus, que gozemos sempre da saúde da alma e do corpo e, pela gloriosa intercessão da bem-aventurada sempre Virgem Maria de Guadalupe, sejamos livres da tristeza presente e alcancemos as graças de que precisamos e a eterna glória. Por Cristo nosso Senhor. Amém.

Pai-nosso. Ave-maria. Glória ao Pai. Salve, Rainha.

"Não estou aqui ao seu lado? Sou sua mãe. Que mais deseja? Não permita que nada o aflija ou o perturbe."

Sexto dia

Depois de explicar para a Senhora a atitude do bispo, Juan inclinou reverente a cabeça e esperou o que ela lhe responderia.

A Senhora tornou bem clara sua consideração para com ele ao dizer-lhe: "Filho muito querido, você deve compreender que há muitos servos de categoria a quem eu poderia confiar minha mensagem; todavia, eu escolhi você para encarregar-se desta tarefa. É por seu intermédio que meu plano deve ser cumprido. Vá de novo ao bispo amanhã, fale-lhe em meu nome e informe-o de que é meu desejo que tome a seu cargo a ereção do templo que peço. Diga-lhe que sou eu, em pessoa, Santa Maria, sempre Virgem, Mãe de Deus, quem envia você".

Juan sentiu renascer sua coragem. Tranquilizado acerca de sua missão, disse: "Senhora querida, eu não vos causarei mais aflição. Irei com prazer transmitir vosso desejo. Talvez o bispo não me queira ouvir, ou, se o fizer, talvez não queira acreditar em mim. Voltarei amanhã à tarde para dizer-vos qual a resposta do bispo. Com vossa licença, eu me despeço de vós, minha boa Senhora. Descanse sossegada até que eu vos veja de novo".

Oração: Concedei a vossos servos, nós vo-lo pedimos, Senhor nosso Deus, que gozemos sempre da saúde da alma e do corpo e, pela gloriosa intercessão da bem-aventurada sempre Virgem Maria de Guadalupe, sejamos livres da tristeza presente e alcancemos as graças de que precisamos e a eterna glória. Por Cristo nosso Senhor. Amém.

Pai-nosso. Ave-maria. Glória ao Pai. Salve, Rainha.

"Não estou aqui ao seu lado? Sou sua mãe. Que mais deseja? Não permita que nada o aflija ou o perturbe."

Sétimo dia

Juan obedeceu à Virgem Maria e voltou a conversar com o bispo.

Dessa vez o bispo mostrou-se mais acessível e interrogou Juan minuciosamente. Simplesmente aceitar o que dizia o asteca era pedir demais; quem sabe, porém, não se pudesse esperar algum sinal que sirva de prova?

"Filho", disse o bispo, "seu recado me interessa. Quem sabe você pudesse trazer-me um sinal da Senhora como prova tangível de que é a Mãe de Deus e de que, de fato, ela deseja a construção de um templo na Colina de Tepeyac?"

Juan prometeu levar-lhe o sinal pedido e perguntou ao bispo o que lhe agradaria?

O bispo, intrigado, chamou dois membros de confiança de sua casa e, falando em castelhano para Juan não compreender, instruiu-os a observarem o índio e o seguirem até o ponto onde ele dissera ter ocorrido a visão. Os homens deviam trazer-lhe de volta um relatório completo de tudo quanto vissem e ouvissem.

Então o bispo se despediu de Juan. Os servos seguiram-no até um pequeno regato, na base da colina, onde, subitamente, ele desapareceu.

Nesse ínterim, Juan galgara a colina, onde a bela Senhora o aguardava. Ele deu-lhe conta do pedido do bispo. Tranquilizando-o, ela disse:

"Seja, meu filho. Venha novamente amanhã de manhã e, então, você poderá obter o sinal para o bispo. Ante o meu sinal, ele acreditará em você e não mais duvidará ou suspeitará de sua boa-fé. Saiba que eu lhe recompensarei os aborrecimentos. Amanhã, ao alvorecer, eu o esperarei aqui".

Oração: Concedei a vossos servos, nós vo-lo pedimos, Senhor nosso Deus, que gozemos sempre da saúde da alma e do corpo e, pela gloriosa intercessão da bem-aventurada sempre Virgem Maria de Guadalupe, sejamos livres da tristeza presente e alcancemos as graças de que precisamos e a eterna glória. Por Cristo nosso Senhor. Amém.

Pai-nosso. Ave-maria. Glória ao Pai. Salve, Rainha.

"Não estou aqui ao seu lado? Sou sua mãe. Que mais deseja? Não permita que nada o aflija ou o perturbe."

Oitavo dia

Deixando a colina e chegando a sua casa, Juan encontrou seu tio, Bernardino, muito doente de febre. Ficou preocupado com o estado do tio querido e passou o dia seguinte, segunda-feira, tratando dele. Não estava em condições de ir a seu compromisso com a Senhora de Tepeyac.

A despeito dos cuidados diligentes de Juan e dos remédios que ministrou ao tio, seu estado piorou. Temendo a iminência de sua morte, o tio pediu a Juan que se levantasse antes do amanhecer e fosse ao Mosteiro de Santiago Tlatelolco chamar um padre para os últimos sacramentos.

Na terça-feira de madrugada, 12 de dezembro, Juan costeava a base da Colina de Tepeyac quando, num sobressalto, lembrou-se de que falhara a seu compromisso para com a Santíssima Virgem Maria. Todavia, pareceu-lhe dever pensar antes no tio que atender a qualquer outra obrigação. Juan considerou que talvez a Senhora não o visse se ele fosse por um caminho lateral.

Enquanto descia a senda rochosa, eis que a Senhora o deteve. Ela o saudou com grande afeto: "O que é que o preocupa, meu filho querido? Aonde está indo?".

Acabrunhado de vergonha por tê-la contrariado, Juan expôs, temeroso, sua urgente missão em favor do tio. "Depois que eu tiver cumprido minha obrigação, voltarei a vós e transmitirei vosso recado. Perdoai-me, Senhora minha, e tende paciência comigo. Eu não vos estou enganando. Amanhã, satisfarei vosso desejo."

Enquanto Juan falava, a Senhora o fitava com amor e compaixão. O índio compreendeu que ela percebia todos os seus problemas, sem que ele os traduzisse em palavras.

"Escute, meu filho", tornou ela com bondade, "não há nada que temer. Não fique preocupado nem assustado, não tema esta doença, nem outro qualquer dissabor ou aflição. Não estou aqui ao seu lado? Eu sou sua mãe dadivosa. Não o escolhi para mim e o tomei aos meus cuidados? Que deseja mais do que isto? Não permita que nada o aflija ou perturbe. Quanto à doença de seu tio, ela não é mortal. Eu lhe peço, acredite agora mesmo que ele já está curado."

Em 8 de dezembro de 1854, o Papa Pio IX (1846-1878) proclamou o **Dogma da Imaculada Conceição**: *"... que a Santíssima Virgem Maria, no primeiro instante de sua conceição, foi por singular graça e privilégio do Deus onipotente e em consideração dos méritos de Jesus Cristo, Salvador do gênero humano, preservada livre de toda mancha de pecado original, é uma doutrina revelada por Deus e, portanto, guardada por todos os fiéis...".*

Nossa Senhora revelou a Dom Bernardino "... que sua Imagem seria chamada 'Santa Maria de Guadalupe...'", o que deve ser entendido como: "Eu sou a Imaculada Conceição".

Oração: Concedei a vossos servos, nós vo-lo pedimos, Senhor nosso Deus, que gozemos sempre da saúde da alma e do corpo e, pela gloriosa intercessão da bem-aventurada sempre Virgem Maria de Guadalupe, sejamos livres da tristeza presente e alcancemos as graças de que precisamos e a eterna glória. Por Cristo nosso Senhor. Amém.

Pai-nosso. Ave-maria. Glória ao Pai. Salve, Rainha.

"Não estou aqui ao seu lado? Sou sua mãe. Que mais deseja? Não permita que nada o aflija ou o perturbe."

Nono dia

Maria instruiu o índio: "Vá, meu filho, ao topo da colina, onde me viu pela primeira vez. Ali encontrará uma grande variedade de rosas. Colha-as e traga-mas".

Juan Diego apressou o passo morro acima, colheu as flores e pô-las dentro de sua tilma. Levou-as à rainha do céu, que tomou as rosas nas mãos e as ajeitou dentro do manto do índio.

"Filho querido", disse-lhe, "essas rosas são o sinal que você vai levar ao bispo. Diga-lhe em meu nome que, nessas rosas, ele verá minha vontade e a cumprirá. Você é meu embaixador e merece a minha confiança. Quando chegar diante do bispo, desdobre sua tilma e mostre-lhe o que carrega, porém só na presença do bispo. Diga-lhe tudo que viu e ouviu, nada omitindo dele. Diga-lhe que eu o mandei ao topo da colina e que você ali colheu estas flores. Repita a história toda, de sorte que o bispo acreditará em você e construirá o templo pelo qual eu me empenhei."

Por fim, deixaram-no ir ter com o bispo. O índio tornou a expor a ordem da Virgem Santíssima, acrescentando que, agora, trazia o sinal que Sua Senhoria havia pedido. Ao descerrar sua tilma, atapetou-se o soalho de rosas. Estas jaziam-lhe aos pés, ainda cintilantes de orvalho e a recender seu delicado aroma.

Juan, com o coração a pulsar violentamente, contemplava a beleza das rosas. Mas ergueu os olhos ao ver o bispo cair de joelhos diante de si, a orar. Lágrimas brilhantes como as gotas de orvalho das rosas escorriam dos olhos do bispo, que olhava fixamente não para as rosas, mas para o interior da tilma do índio.

Embaraçado, Juan pôs-se a agitar o manto e viu o milagre que abalara o bispo. Ali, impressa na tilma, estava a imagem da Virgem Santíssima, tal qual a vira em Tepeyac.

Os dois homens perderam a noção do tempo que levaram contemplando o sinal milagroso. Por fim, o bispo tomou a tilma de Juan Diego e a colocou respeitosamente em seu oratório particular. E, de olhos banhados em lágrimas, rendeu graças a Deus e à sua Mãe Imaculada.

Oração: Concedei a vossos servos, nós vo-lo pedimos, Senhor nosso Deus, que gozemos sempre da saúde da alma e do corpo e, pela gloriosa intercessão da bem-aventurada sempre Virgem Maria de Guadalupe, sejamos livres da tristeza presente e alcancemos as graças de que precisamos e a eterna glória. Por Cristo nosso Senhor. Amém.

Pai-nosso. Ave-maria. Glória ao Pai. Salve, Rainha.

"Não estou aqui ao seu lado? Sou sua mãe. Que mais deseja? Não permita que nada o aflija ou o perturbe."

Consagração a Nossa Senhora de Guadalupe

Ó Maria Santíssima, Guadalupana, padroeira das Américas, eu me consagro inteiramente a vós.
Consagro-vos o meu entendimento, para que eu sempre possa vos amar.
Consagro-vos a minha língua, para que eu sempre possa vos louvar.
Consagro-vos o meu coração, para que eu seja totalmente vosso.
Recebei-me, ó Mãe incomparável, no ditoso número de vossos servos, acolhei-me debaixo de vossa proteção, socorrei-me em minhas necessidades temporais e espirituais, e, sobretudo, na hora de minha morte.
Abençoai-me e fortalecei a minha fé para que, amando-vos nesta vida, eu possa contemplar para todo o sempre a vossa face no céu.
Amém.

A devoção a Maria não é uma questão de costume, mas de atitudes extraídas do Evangelho: "Fazei tudo o que Ele vos disser" (Jo 2,5). Agradar a Nossa Senhora é meditar incessantemente o Sermão da Montanha, as Bem-Aventuranças, o discurso da última Ceia, e pautar por eles a própria vida.

Nossa Senhora ainda está ali, na tilma – num desafio a todas as leis naturais da desintegração –, a nos dizer exatamente o mesmo que disse a Juan Diego: "Não sou eu vossa Mãe amorosa? Que necessitais mais do que isso? Eu sou Mãe clemente, tua e de todo o teu povo e daqueles que me procuram para obter auxílio".

Em Guadalupe, a Virgem proclamou: "Meu filho caríssimo, deves saber que eu sou a sempre Virgem Maria, MÃE DO DEUS VERDADEIRO, Autor da vida, Criador de tudo e Senhor do céu e da terra, que está presente em toda parte...".

Que nós também fiquemos refletidos nos belos olhos guadalupanos, como são vistos na imagem Juan Diego, o bispo Zumárraga e Jesus na manjedoura.

Extra

Entre os conquistadores espanhóis, nenhum nome foi mais consagrado, temido e odiado que o de Hernan Cortez, o capitão que subjugou e aniquilou a maior e mais poderosa civilização do Novo Mundo: o império asteca. Acompanhado por apenas quatrocentos homens, dezesseis cavalos, trinta e duas escopetas e quatro canhões (mas contando com a ajuda de milhares de indígenas), Cortez derrotou um exército de cerca de quinhentos mil homens e arrasou a cidade que talvez fosse a maior do mundo de sua época: a fabulosa Tenochtitlan, com seus modernos canais navegáveis, jardins botânicos, zoológicos, aquedutos e mercados.

Montezuma foi um importante líder asteca do começo do século XVI. Durante seu governo, que durou de 1502 a 1520, o império asteca chegou a ser composto por aproximadamente quinhentas cidades e atingiu seu auge econômico e militar. Também foi durante o governo de Montezuma que os astecas entraram em contato com os conquistadores espanhóis. Ele foi capturado por Hernan Cortez. A hipótese mais aceita entre os historiadores atuais é a de que ele tenha sido assassinado por seus súditos, por ter colaborado e feito acordos com os conquistadores espanhóis.

Entraram os espanhóis em uma cidade onde se realizavam "competições" de tortura, que acabavam em morte, a fim de aplacar os deuses da natureza. Escravos sujeitavam-se ao "privilégio" de morrer sobre uma pedra do templo, tendo seu coração arrancado e queimado no santuário, seus membros comidos em estilo canibalesco ou dados como alimento aos animais de um jardim zoológico. As paredes do templo, enegrecidas de sangue, davam testemunho de gerações dessas práticas. Os anciãos podiam ser identificados por suas orelhas retalhadas e seus cabelos empapados de sangue.

A Senhora de Guadalupe, a Imaculada e Morenita, apareceu para dar fim a esses problemas terríveis. Ela também deseja acabar com nossas dificuldades, dando-nos amor, com Jesus e o Espírito Santo, paz e alegria (cf. Gl 5,22). Veja as palavras dela:

"Não estou aqui ao seu lado? Sou sua mãe. Que mais deseja?
Não permita que nada o aflija ou o perturbe".

A *tilma* de Juan Diego é feita de três tiras costuradas de *ayate*, tecido produzido a partir das fibras de um tipo de cacto, chamado maguey. Cada tira mede cerca de meio metro de largura por dois de comprimento. Duas dessas tiras são visíveis na Imagem de Nossa Senhora de Guadalupe, que, depois de 500 anos, aparece ainda do mesmo jeito.

Um minucioso exame do tecido foi feito por técnicos em pintura e eles afirmaram que aquele material, tecido à mão, não só não se encontrava preparado para uma aplicação de pintura, mas nem mesmo poderia ser pintado, por causa da frouxidão de sua tecelagem. Sentiam-se incapazes de explicar como foram aplicadas as tintas àquele tecido. Na opinião dos artistas, as proporções da imagem de Nossa Senhora são exatamente as de uma jovem de aproximadamente quinze anos. Seria ela a mesma Senhora do Apocalipse? "Então apareceu no céu um grande sinal: uma mulher vestida de sol, com a lua debaixo dos pés e, sobre a cabeça, uma coroa de doze estrelas. Ela estava grávida [...] deu à luz um filho, o filho que deve reger as nações com um cetro de ferro, e este filho foi arrebatado para Deus, para junto do seu trono" (Ap 12,1-2).

Depois da aparição de Guadalupe, as conversões ao cristianismo aconteceram em massa: 15 mil batismos por dia! Dizem que o desejo dos indígenas de receber o batismo era tão grande que os braços dos missionários franciscanos – cerca de 60 – caíam de cansaço por causa do demasiado trabalho.

Rosas desabrochadas em uma árida colina e sua imagem são a dádiva e a grata recordação de Maria, que quer permanecer no meio de seus devotos como mãe e guia segura na caminhada em busca da pátria celeste. A partir daquele dia, como fruto de sua presença, desabrocharam muitas, muitíssimas rosas de fé e de amor no coração das multidões de fiéis. Hoje, como então, Jesus presta louvor ao Pai do céu e da terra, porque "ocultou essas coisas aos sábios e entendidos e as revelou aos pequeninos" (Lc 10,21).

Virgem Imaculada de Guadalupe, celeste missionária do Novo Mundo, teu suave encanto cativa o coração do teu povo. Santa Mãe de Deus, desde o teu santuário de Tepeyac, monumento do amor de toda a América por ti, revelaste-te, durante séculos, Mãe e Mestra do nosso povo e, outrossim, nosso refúgio, nossa defesa e, para nós, uma coluna de resistência. Ó Maria toda Imaculada, protege e salva nossas nações, nossos superiores e governantes, e todos os habitantes de nosso continente!

Possam nossas pátrias, unidas espiritualmente sob teu patrocínio, realizar o sublime ideal de progresso cristão e do reinado social do Coração Divino de Jesus Cristo, teu filho amoroso e Mestre único das nações.

Orações

MÃE DO CÉU MORENA

(Pe. Zezinho, SCJ)

Mãe do Céu Morena,
Senhora da América Latina,
De olhar e caridade tão divina,
De cor igual a de tantas raças.

Virgem tão Serena,
Senhora destes povos tão sofridos,
Patrona dos pequenos e oprimidos,
Derrama sobre nós as tuas graças.

Derrama sobre os jovens tua luz,
Aos pobres vem mostrar o teu Jesus.
Ao mundo inteiro traz o teu amor de Mãe.

Ensina quem tem tudo a partilhar.
Ensina quem tem pouco a não cansar.
E faz o nosso povo caminhar em paz.

Mãe do Céu Morena,
Senhora da América Latina,

De olhar e caridade tão divina,
De cor igual à cor de tantas raças.

Derrama a esperança sobre nós.
Ensina o povo a não calar a voz.
Desperta o coração de quem não acordou.

Ensina que a justiça é condição
De construir um mundo mais irmão
E faz o nosso povo conhecer Jesus!

MAGNIFICAT

Maria disse: "Minha alma exalta o Senhor e meu espírito se enche de júbilo por causa de Deus, meu Salvador, porque ele pôs os olhos sobre a sua humilde serva. Sim, doravante todas as gerações me proclamarão bem-aventurada, porque o Todo-poderoso fez por mim grandes coisas: santo é o seu Nome. A sua bondade se estende, de geração em geração, sobre aqueles que o temem. Ele interveio com toda a força do seu braço; dispersou os homens de pensamento orgulhoso; precipitou os poderosos de seus tronos e exaltou os humildes; os famintos, ele os cobriu de bens, e os ricos, despediu-os de mãos vazias. Veio em socorro de Israel, seu servo, lembrado de sua bondade, como dissera aos nossos pais em favor de Abraão e de sua descendência, para sempre" (Lc 1,46-55).

SALVE, RAINHA

SALVE, Rainha, Mãe de Deus,
És Senhora, nossa mãe,
Nossa doçura, nossa luz,
Doce Virgem Maria.
Nós a Ti clamamos,
Filhos exilados,
Nós a Ti voltamos
Nosso olhar confiante.
Volta para nós, ó Mãe,
Teu semblante de amor.
Dá-nos teu Jesus, ó Mãe,
Quando a noite passar.
Salve, Rainha, Mãe de Deus,
És auxílio do cristão.
Ó Mãe clemente, Mãe piedosa,
Doce Virgem Maria.

Ó SANTÍSSIMA, CLEMENTÍSSIMA

Ó Santíssima, clementíssima
Doce Virgem Maria,
Mãe tão amada, Imaculada,
Ora, ora, ó Mãe, por nós.
És refúgio, refrigério,

Virgem Mãe, ó Maria,
Tudo esperamos, se te invocamos,
Ora, ora, ó Mãe, por nós.
Oh! Vinde e vamos todos
Com flores à porfia,
Com flores a Maria,
Que é nossa amável Mãe.
De novo aqui estamos,
Puríssima donzela,
E mais que a lua bela,
Prostrados a teus pés.
Acredita, Auxiliadora,
As nossas pobres flores,
Colhidas nos fervores
Do teu risonho mês,
São lírios de pureza,
De amor fragrantes rosas,
Violetas humildosas,
Senhora, bem o vês!

PELAS ESTRADAS DA VIDA

Pelas estradas da vida
nunca sozinho estás.
Contigo, pelo caminho,
Santa Maria vai.

**Ó, vem conosco,
vem caminhar,
Santa Maria, vem!**

Se pelo mundo os homens,
sem conhecer-se, vão,
não negues nunca a tua mão
a quem te encontrar.

Ó, vem conosco...

Mesmo que digam os homens
que nada podes mudar,
luta por um mundo novo
de unidade e paz.

Ó vem conosco...

Se parecer tua vida
inútil caminhar,
lembra que abres caminho.
Outros te seguirão.

Ó vem conosco...

Ladainha de Nossa Senhora

Senhor, tende piedade de nós.
Jesus Cristo, tende piedade de nós.
Senhor, tende piedade de nós.
Cristo, ouvi-nos.
Cristo, atendei-nos.
Deus Pai dos céus, tende piedade de nós.
Deus Filho, Redentor do mundo, tende piedade de nós.
Deus Espírito Santo, tende piedade de nós.
Santíssima Trindade, que sois um só Deus, tende piedade de nós.
Santa Maria, rogai por nós!
Santa Mãe de Deus,
Santa Virgem das virgens,
Mãe de Jesus Cristo,
Mãe da divina graça,
Mãe puríssima,
Mãe castíssima,
Mãe imaculada,
Mãe intacta,
Mãe amável,

Mãe admirável,
Mãe do bom conselho,
Mãe do Criador,
Mãe do Salvador,
Virgem prudentíssima,
Virgem venerável,
Virgem louvável,
Virgem poderosa,
Virgem clemente,
Virgem fiel,
Espelho de justiça,
Sede da Sabedoria,
Fonte de nossa alegria,
Vaso honorífico,
Vaso insigne de devoção,
Rosa mística,
Torre de Davi,
Torre de marfim,
Casa de ouro,
Arca da aliança,
Porta do céu,
Estrela da manhã,
Saúde dos enfermos,
Refúgio dos pecadores,
Consoladora dos aflitos,
Auxílio dos cristãos,
Rainha dos Anjos,
Rainha dos Patriarcas,
Rainha dos Profetas,
Rainha dos Apóstolos,

Rainha dos Mártires,
Rainha dos confessores,
Rainha das Virgens,
Rainha de todos os Santos,
Rainha concebida sem pecado,
Rainha assunta ao Céu,
Rainha do santo Rosário,
Rainha da paz.
Cordeiro de Deus, que tirais os pecados do mundo, perdoai-nos, Senhor.
Cordeiro de Deus, que tirais os pecados do mundo, ouvi-nos, Senhor.
Cordeiro de Deus, que tirais os pecados do mundo, tende piedade de nós.
Rogai por nós, santa Mãe de Deus, para que sejamos dignos das promessas de Cristo.

Oremos: Concedei a vossos servos, nós vo-lo pedimos, Senhor nosso Deus, que gozemos sempre da saúde da alma e do corpo, e que, pela gloriosa intercessão da bem-aventurada sempre Virgem Maria, sejamos livres da tristeza presente e alcancemos a eterna glória. Por Cristo Nosso Senhor. Amém.

Santo Rosário

É uma oração belíssima e muito eficaz, porque encerra os principais mistérios de nossa santa religião.

O Santo Rosário foi ensinado por Maria Santíssima a São Domingos. É uma oração simples e adaptada a todos. Basta saber rezar pai-nosso, ave-maria, glória ao Pai e, ao mesmo tempo, meditar um dos mistérios da nossa fé.

Mistérios da alegria (Gozosos)
Segunda-feira e Sábado

1º Mistério – A anunciação do Anjo a Maria.
2º Mistério – A visita de Maria a sua prima Isabel.
3º Mistério – O nascimento de Jesus.
4º Mistério – A apresentação de Jesus no Templo.
5º Mistério – A perda e o reencontro do Menino Jesus em Jerusalém.

Mistérios da dor (Dolorosos)
Terça-feira e Sexta-feira

1º Mistério – A agonia de Jesus no Horto das Oliveiras.
2º Mistério – A flagelação de Jesus atado à coluna.

3º Mistério – A coroação de espinhos.
4º Mistério – Jesus carrega a cruz para o Calvário.
5º Mistério – A crucificação e a morte de Jesus.

Mistérios da glória (Gloriosos)
Quarta-feira e Domingo

1º Mistério – A ressurreição de Jesus.
2º Mistério – A ascensão de Jesus ao Céu.
3º Mistério – A vinda do Espírito Santo sobre os apóstolos.
4º Mistério – A assunção de Maria ao Céu.
5º Mistério – A coroação de Maria como Rainha do Céu e da Terra.

Mistérios da luz (Luminosos)
Quinta-feira

1º Mistério – O batismo de Jesus no Rio Jordão.
2º Mistério – A água transformada em vinho nas bodas de Caná.
3º Mistério – O anúncio do Reino de Deus como convite à conversão.
4º Mistério – A transfiguração de Jesus no Monte Tabor.
5º Mistério – A última ceia e a instituição da Eucaristia.